Entdecke die Pferde

Stephanie Hornung

Titelbild: Lewitzer Pferd
Rückseite: Schwarzer Hengst

Die in diesem Buch enthaltenen Angaben wurden von der Autorin nach bestem Wissen erstellt und sorgfältig überprüft. Da inhaltliche Fehler trotzdem nicht völlig auszuschließen sind, erfolgen diese Angaben ohne jegliche Verpflichtung des Verlages oder der Autorin. Beide übernehmen keine Haftung für etwaige inhaltliche Unrichtigkeiten.
Alle Rechte, insbesondere das Recht der Vervielfältigung und Verbreitung sowie der Übersetzung sind vorbehalten. Kein Teil des Werkes darf in irgendeiner Form (Druck, Fotokopie, Mikrofilm oder andere Verfahren) ohne schriftliche Genehmigung des Verlages reproduziert oder unter Verwendung elektronischer Systeme verarbeitet, gespeichert oder vervielfältigt werden.

2. Auflage 2020

ISBN: 978-3-86659-247-6

© 2014 Natur und Tier - Verlag GmbH
An der Kleimannbrücke 39/41
48157 Münster
Tel.: 0251-13339-0
Fax: 0251-13339-33
E-Mail: verlag@ms-verlag.de
Home: www.ms-verlag.de
Geschäftsführung: Matthias Schmidt
Layout: Ann-Christine Ottenjann
Lektorat: Kriton Kunz
Druck: Pario Print, Krakau

Titelbild: WILDLIFE/S.Stuewer
Rückseite: Thinkstock Images International/ Kseniya Abramova
Vorsatz: Shutterstock/Baronb

Thinkstock Images International
Seite 1: Maria Itina
Seite 2+3: Jupiterimages
Seite 4+5: Eric Isselée
Seite 6+7: Hintergrund: Zwilling330
Seite 8: Maxim Petrichuk
Seite 9: unten: ELENart
Seite 10: oben: Robert Creigh
Seite 11: oben: Photos.com
Seite 11: Mitte: AlexanderZam
Seite 11: Mitte: AlexanderZam
Seite 11: unten: Frankie Lam
Seite 12+13: Sziban
Seite 13: unten: Jupiterimages
Seite 15: Yulia Remezova
Seite 16: BananaStock
Seite 17: unten: Brian Wathen
Seite 19: oben: Thinkstock Images
Seite 19: oben: Ingram Publishing
Seite 19: unten: Johan Swanepoel
Seite 20: links: fotografie4you.eu
Seite 20+21: unten: Zuzana Buránová
Seite 21: oben: gadagj
Seite 22: oben: Dlumen
Seite 22: Mitte: mkaminskyi
Seite 22: unten: karl umbriaco
Seite 23: oben links: muha04
Seite 28: dotana
Seite 30+31: Maria Itina
Seite 32: mo-fotos
Seite 33: oben: DenKuvaiev
Seite 33: unten: Eric Isselée
Seite 34: unten: TiggyMorse
Seite 35: unten: Zuzule
Seite 36: unten: sodapix sodapix
Seite 37: oben: Maria Itina
Seite 38: oben: Andreas Glossner
Seite 38: unten: Kseniya Abramova
Seite 40+41: oben: Design Pics
Seite 41: oben: Eric Isselée
Seite 42: unten: Daren-Jensen
Seite 43: unten: TinaLeeStudio
Seite 44: unten: Sergejs Razvodovskis
Seite 44: Mitte: Viktoria Makarova
Seite 44: unten: Viktoria Makarova
Seite 45: Lenka Dankova
Seite 46: oben: sabirmallick
Seite 46: unten: Eric Isselée
Seite 47: oben: Valerij Kalyuzhnyy
Seite 47: unten: Joel St. Marie
Seite 50: MusicalFish
Seite 51: oben: NA
Seite 51: unten: Jim Parkin
Seite 52: oben: Tanya Puntti
Seite 52+53: rwoeke
Seite 53: Mark Hooghwerff
Seite 54+55: muha04
Seite 56: Kseniya Abramova

Shutterstock.com
Seite 10: unten: Ancher
Seite 14: Makarova Viktoria
Seite 23: oben rechts: Sharon Morris
Seite 25: moglimoglzahn
Seite 26: Warren Price Photography
Seite 34: oben: Eric Isselée
Seite 35: oben: Zuzule
Seite 36: oben: Vera Zinkova
Seite 37: unten: Cheryl Ann Quigley
Seite 42: oben: Olga_i
Seite 43: oben: Makarova Viktoria

WILDLIFE Bildagentur GmbH
Seite 6+7: unten: D.Buerkel
Seite 7: oben: A.Mertiny
Seite 9: oben: C.Slawik/Juniors
Seite 39: Slawik, Chr./Juniors
Seite 40: unten re.: Slawik, Chr./Juniors
Seite 48+49: Kuczka, H./Juniors
Seite 49: oben: Schoening/Juniors

Sonstige
Seite 17: oben: Ingvil Ann Schirling
Seite 18: unten: Ingvil Ann Schirling
Seite 24: oben: Katja Krauß
Seite 24: unten: Ingrid Wild
Seite 27: Ingrid Wild
Seite 29: oben: Ingvil Ann Schirling
Seite 29: unten: Ingvil Ann Schirling
Seite 40: unten links: Karin Naser

Inhaltsverzeichnis

Willkommen in der Welt der Pferde! 4

Von Urpferdchen und Fossilien 6

Mensch und Pferd: eine uralte Gemeinschaft 8

Der Körperbau 14

Die Hufe 16

Gemeinsam stark 20

Die Sinne der Pferde 22

Die Sprache der Pferde 26

Sind Pferde intelligent? 29

Die Pferderassen 34

Die Farben der Pferde 42

Wildpferde – ein Leben in Freiheit 46

Wildpferde weltweit 50

Extra: Großes Pferdequiz 54

Willkommen in der Welt der Pferde!

Seit ich denken kann, haben Pferde mich besonders fasziniert. Als Kind las ich alle Cowboy- und Indianerbücher, die ich in der Bibliothek finden konnte – natürlich auch und vor allem wegen der Pferde. Die Wände meines Zimmers waren voller Poster mit galoppierenden, grasenden und spielenden Pferden. Und als ich dann endlich als Jugendliche das Reiten erlernen durfte, war ich überglücklich. Seitdem bestimmen Pferde meinen Alltag, und ich kann mir ein Leben ohne Pferde nicht mehr vorstellen.

Dass Du mein Buch liest, zeigt mir, dass auch Du Pferde liebst. Ich möchte Dir daher auf den folgenden Seiten viel Spannendes rund um ihre Herkunft, ihre Lebensweise, ihre Sprache und die verschiedenen Rassen berichten. Komm mit auf eine abwechslungsreiche Reise durch die Welt der Pferde!

Von Urpferdchen und Fossilien

Pferde, wie wir sie heute kennen, sind als Tierart über vier Millionen Jahre alt. Die Vorfahren unserer modernen Pferde sind aber noch viel, viel älter. In der Grube Messel bei Darmstadt wurden fossile, also versteinerte Skelette nur fuchsgroßer Urpferdchen gefunden, die wahrscheinlich über 50 Millionen Jahre alt sind. Sie sahen unseren Pferden noch nicht sehr ähnlich, fraßen Blätter von Büschen und lebten zusammen mit Krokodilen, Halbaffen und Riesenschlangen in Wäldern, in denen auch Palmen wuchsen. Und das mitten in Deutschland! Aber das ist natürlich eine Ewigkeit her.

So könnte es ausgesehen haben, als vor vielen Millionen Jahren Urpferdchen den Planeten besiedelten

Das versteinerte Skelett dieses kleinen Urpferdchens stammt aus der berühmten Grube Messel in der Nähe von Darmstadt

Diese Urpferdchen werden *Hyracotherium* genannt, und bis heute streiten sich die Wissenschaftler, ob sie überhaupt Vorfahren der Pferde sind oder nur Verwandte der Pferde. Das *Hyracotherium* hatte an den Vorderbeinen vier Zehen und an den Hinterbeinen drei. Die Zähne waren an weiche Blätter als Nahrung angepasst, und es soll einer sehr kleinen Antilope ähnlich gesehen haben.

Aus dem *Hyracotherium* entwickelte sich über einen Zeitraum von mehreren Millionen Jahren das *Miohippus*, das immer noch Blätter fraß und an Vorderbeinen und Hinterbeinen jeweils drei Zehen besaß. Wiederum viele Millionen Jahre später hatte sich aus dem *Miohippus* das *Merychippus* entwickelt, das schon viel kräftigere Zähne hatte, denn es war ein Grasfresser, und zum Kauen der harten Steppengräser sind große, kräftige Zähne notwendig, wie sie auch unsere modernen Pferde vorweisen.

Merychippus war schon einen Meter hoch, und seine seitlichen Zehen waren sehr klein – es ging hauptsächlich auf der mittleren Zehe, um schneller in der Steppe rennen zu können.

Weitere viele Millionen Jahre später war aus dem *Merychippus* das *Pliohippus* geworden. Es lief nur noch auf seiner mittleren Zehe und war damit ein Einhufer. Die seitlichen Zehen hatten sich zu stäbchenförmigen, kleinen Knochen zurückgebildet, den Griffelbeinen, die bei unseren Pferden noch zu ertasten sind. Vor rund vier Millionen Jahren entstand aus dem *Pliohippus* dann unser modernes Pferd, dessen Gattung wissenschaftlich *Equus* heißt.

Mensch und Pferd: eine uralte Gemeinschaft

Wir Menschen interessieren uns schon seit vielen Jahrtausenden für die schönen, schnellen und kräftigen Pferde. Vor mindestens 15 000 Jahren haben Menschen in Frankreich Pferde an die Wände der Höhlen von Lascaux (sprich: Laskóh) und Pech Merle (sprich: Pesch Merl) gemalt, in denen sie wohnten. Zu dieser Zeit waren Pferde aber noch keine Reittiere, sondern wurden gejagt, wie auch Hirsch, Wisent, Rentier und Mammut.

Vor fünftausend bis sechstausend Jahren begann dann eine ganz andere Geschichte zwischen Mensch und Pferd: Der Mensch entdeckte das Pferd als Zugtier, als Tragtier, als Reittier – und als Freund. Seit dieser Zeit ist das Pferd sehr eng mit den menschlichen Kulturen verbunden. Es wurde zu einem der wichtigsten Haustiere, zum unersetzlichen Helfer in der Landwirtschaft und zum Reittier für Männer, Frauen und Kinder.

3 500 Jahre alte Schrift über Pferdetraining
Kikkuli aus Mittani verfasste um 1 500 vor Christus einen Text über die Haltung und das Training von Pferden, die Streitwagen ziehen sollten. Mittani war ein antiker Staat im Norden des heutigen Syriens.

Pferde haben die Menschen schon immer beeindruckt. Deshalb schufen sie bereits vor tausenden von Jahren Abbildungen dieser Tiere.

Im Altertum waren leichte, von Pferden gezogene Streitwagen die wichtigste Waffe bei kriegerischen Auseinandersetzungen. Aus dieser Zeit stammt auch die älteste schriftliche Anleitung zum Training von Streitwagenpferden. Später verbreiteten bewaffnete Reiternomaden aus den Steppen der Mongolei auf ihren Kriegszügen durch Europa Angst und Schrecken. Ihre schnellen, leichten Pferde und ihre geschickte Kunst, vom Pferd aus mit dem Bogen zu schießen, machten sie militärisch überlegen.

Wagenrennen waren ein bei den alten Griechen und Römern sehr beliebter Sport. Die Sieger erlangten höchste Ehre für sich selbst und für die Familie, der das Gespann gehörte.

Im Altertum wurden die Streitwagen erfunden, die von Pferden gezogen wurden. Hier siehst Du einen ägyptischen Pharao auf seinem Streitwagen.

Pferde verliehen Rittern das, was sie aufgrund ihrer schweren Rüstung sonst nicht gehabt hätten: Schnelligkeit und Beweglichkeit

Aus dem Mittelalter kennst Du die gepanzerten Ritter auf ihren schweren Schlachtrössern. Auch die Pferde trugen zum Teil sehr schwere Rüstungen, um sie im Kampfgetümmel zu schützen. In die Zeit des Mittelalters fällt auch die Einführung einer neuen Art, das Pferd anzuspannen. Die Menschen verwendeten dazu jetzt das Kummet, also einen gepolsterten Ring um den Hals des Pferdes, und nutzten dadurch gezielt, dass ein Pferd schwerere Lasten ziehen kann als ein Ochse. Das Pferd ersetzte nun den Ochsen als wichtigstes Zugtier in der Landwirtschaft.

Ritter und Reiter

Ein Ritter ohne Pferd? Undenkbar! Das Pferd war für den mittelalterlichen Ritter so wichtig, dass er sogar nach ihm benannt wurde: Das Wort „Ritter" kommt von „reiten".

Die Kavallerie war über viele Jahrhunderte ein wichtiger Teil der Armee

In der Neuzeit waren Pferde in allen Bereichen des Lebens zu finden. Sie zogen den Pflug und schwere Fuhrwerke. Kanalpferde beförderten schwere Lastkähne und leichte Personenboote auf den Kanälen – sie liefen am Ufer entlang und zogen die Schiffe an Seilen. Als Rückepferde hievten sie die schweren gefällten Baumstämme aus dem Wald. Schnelle Pferde transportierten Postkutschen, Personenkutschen, und in größeren Städten gab es sogar Pferdestraßenbahnen. Pferdegezogene Eisenbahnen verbanden die Städte untereinander. Eine schlagkräftige Armee war ohne die berittene Kavallerie nicht denkbar. Sogar im Bergbau unter Tage wurden Grubenponys zum Transport eingesetzt.

Bevor es die elektrische Straßenbahn gab, fuhren die Stadtbewohner mit der Pferdestraßenbahn, wie Du sie hier auf alten Briefmarken siehst

Pferdekutschen, die über das Kummet, einen gepolsterten Ring um den Hals, mit dem Pferd verbunden sind, waren lange Zeit ein übliches Transportmittel

Erst mit der Erfindung des Motors veränderte sich dieses enge Verhältnis zwischen Mensch und Pferd dramatisch. Autos, Lastkraftwagen, Eisenbahnen und Traktoren ersetzten ihre Arbeitskraft und verdrängten sie aus fast allen Bereichen des menschlichen Lebens.

Doch dank der großen Faszination, die Pferde auf Menschen ausüben, sind sie dennoch nicht aus unserem Alltag verschwunden. Ganz im Gegenteil! Obwohl wir die Arbeitskraft der Pferde zum Überleben nicht mehr brauchen, sind Pferde heute wieder ein wichtiger Teil unserer Kultur.

Mensch und Pferd verbindet eine uralte Freundschaft

Wir schätzen sie als Sportpartner zum Dressurreiten, zum Springen und als Rennpferde. Sie sind beliebt als Reitpferde und Kutschpferde in der Freizeit, als Wanderreitpferde und als Therapiepferde. Therapiepferde werden dazu genutzt, um Menschen mit körperlichen und seelischen Problemen zu helfen. Sogar in der Landwirtschaft und in der Forstwirtschaft sehen wir wieder mehr Pferde, und sie sind die große Attraktion auf Festumzügen und in Pferdeshows.

Ganz schön schnell!
Normalerweise erreichen Pferde im Galopp eine Geschwindigkeit von etwa 30 Kilometern pro Stunde (km/h), manche kommen aber auf rund 70 km/h. Das ist schneller, als ein Auto in der Stadt fahren darf!

Der Kontakt zu Therapiepferden kann Menschen mit körperlichen und seelischen Problemen sehr helfen

Der Körperbau

Pferde sind an das Leben in der Steppe perfekt angepasst, all ihre Körperteile sind wunderbar darauf abgestimmt: Harte Hufe für die schnelle Flucht, lange Beine und großer Brustkorb mit einer kräftigen Lunge für ausdauernden Lauf, große Augen und Ohren, um Gefahren rasch orten zu können.

Aber wusstest Du, wo beim Pferd das Karpalgelenk und der Kronsaum liegen? Oder was die Ganasche ist? Es gibt viele Fachbegriffe für die einzelnen Körperteile des Pferdes. Auf dieser Doppelseite findest Du sie übersichtlich zugeordnet.

Wie groß ist das Pferd?

Um die Größe eines Pferdes zu bestimmen, misst man vom Boden bis zum Widerrist. Der Widerrist ist der Übergang vom Rücken zum Hals. Diese Größe heißt Stockmaß.

14

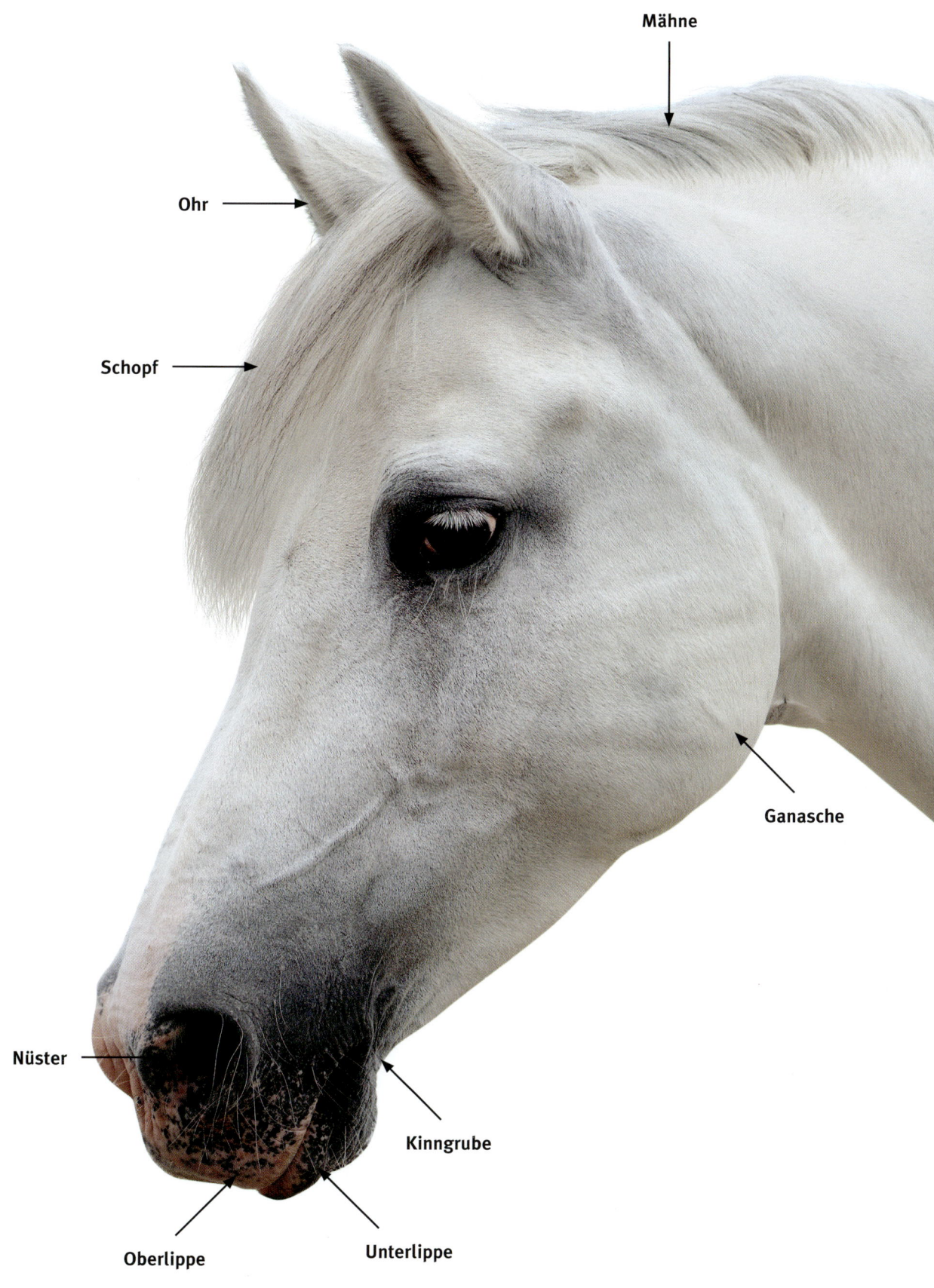

Die Hufe

Bestimmt hast Du schon einmal das rhythmische Klappern gehört, wenn Pferde auf der Straße gehen. Das auffällige Geräusch kommt von ihren Hufen. Manchmal tragen die Pferde auch Hufeisen, besonders wenn sie vor der Kutsche gehen. Dann hört sich das Klappern noch lauter und metallischer an. Das Hufeisen wird als Schutz von unten auf den Huf genagelt, um ihn vor zu schneller Abnutzung zu schützen. Wenn die Nägel an der richtigen Stelle des Hufes eingeschlagen werden, ist es auch völlig schmerzfrei für das Pferd.

Das Hufeisen als Extraschutz brauchen nur solche Pferde, die viel auf Straßen und gepflasterten Wegen gehen müssen. Alle anderen Pferde mit gesunden Hufen benötigen keine Hufeisen, sie gehen „barhuf", wie die Natur es vorgesehen hat. Der Huf ist nämlich unglaublich hart im Nehmen. Der ursprüngliche Lebensraum des Pferdes sind ja Steppen mit harten, flachen Böden. Das Pferd legt in der Natur auf seinen Hufen jeden Tag viele Kilometer zurück. Auch unsere Hauspferde verhalten sich noch so. Auf einer großen, saftigen Wiese rupfen sie ein paar Grashalme, gehen weiter, fressen wieder ein paar Grashalme, und so verbringen sie viele Stunden am Tag. Damit das Pferd auf seinen langen Wanderungen immer einen gesunden, stabilen Huf hat, wächst der Huf wie unsere Fingernägel immer nach – ungefähr einen Zentimeter pro Monat. Wenn die Abnutzung der Hufe genauso schnell ist wie das Nachwachsen, ist das ideal. Die Wildpferde haben sich im Lauf ihrer langen Entwicklung an das Leben auf den harten Steppenböden angepasst, der Huf ist so zum perfekten „Schuh" des Pferdes geworden.

Unsere Hauspferde dagegen leben heute auf viel engerem Raum und bewegen sich deshalb

Bei Hauspferden ist es wichtig, die Hufe immer sorgfältig zu reinigen und zu pflegen

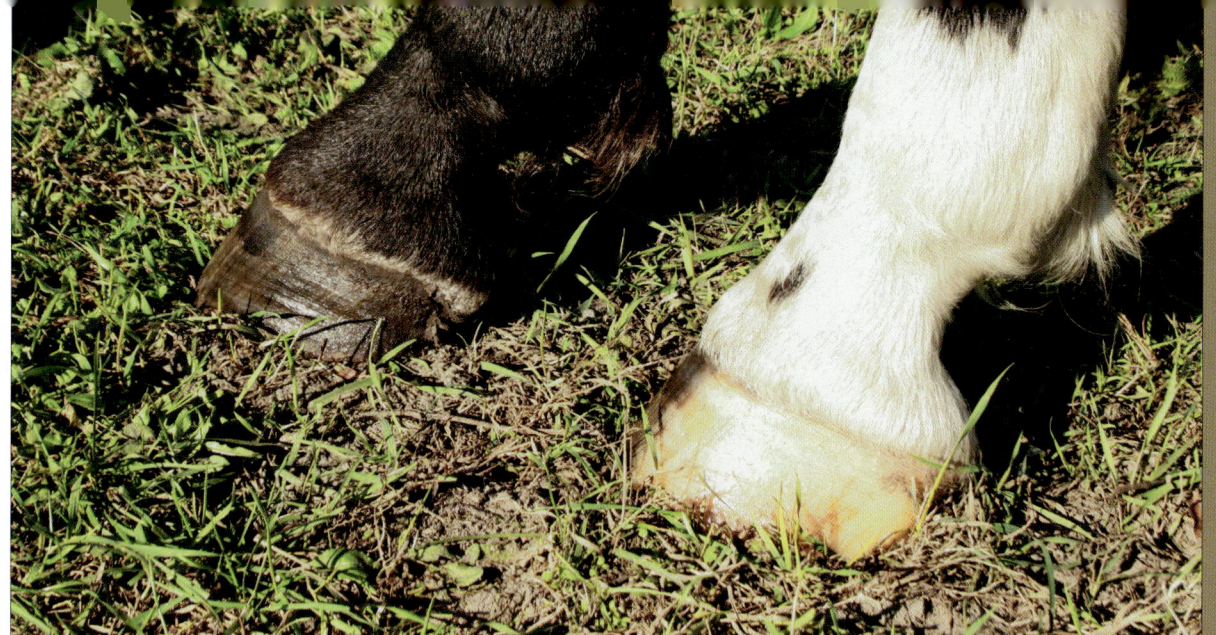

Die Hufe können von unterschiedlicher Farbe sein

nicht mehr so viel wie Wildpferde. Sie müssen auch keine langen Wanderungen zu den Wasserstellen machen oder viele Kilometer auf der Suche nach Nahrung zurücklegen. Die Hufe der Hauspferde werden deshalb schnell viel zu lang und benötigen eine regelmäßige Pflege. Ungefähr alle sechs bis acht Wochen kommt dann der Hufpfleger oder der Hufschmied und raspelt die Hufe in die passende Form.

Pferde, die auf harten, felsigen Böden leben, entwickeln schmale, kleine und sehr harte Hufe. Artgenossen dagegen, die auf weichen Wiesen leben, bekommen breite, größere und weichere Hufe. Der Körper passt sich den Bedingungen des Lebens an. Auch beim Menschen findet eine solche Anpassung statt: Menschen, die viel barfuß gehen, bekommen eine robuste Hornhaut an den Fußsohlen. Wer dagegen immer Schuhe trägt, hat an den Sohlen eine dünne Haut, die sehr empfindlich ist, wenn es einmal barfuß über kleine Kieselsteine gehen soll.

Die Hufe der Przewalski-Pferde sind perfekt an den harten Steppenboden angepasst

Laufen Pferde auf Fingernägeln?

Im Lauf seiner Entwicklung über viele Millionen von Jahren hat sich das Pferd sehr stark verändert. Aus einem fuchsgroßen, blätterfressenden Waldbewohner wurde es zu einem langbeinigen, schnellen Lauftier der Steppe. Während dieser allmählichen Umstellung der Lebensweise wurden der „Fingernagel des Mittelfingers" und „der Zehennagel der Mittelzehe" immer wichtiger. Hier bildete sich der Huf aus festem Horn, wie wir ihn heute bei den Pferden kennen. Wenn wir es genau betrachten, geht das Pferd also mit den Vorderbeinen auf dem Fingernagel des Mittelfingers und mit den Hinterbeinen auf dem Zehennagel der Mittelzehe. Alle anderen Finger und Zehen haben sich zurückgebildet, weil sie nicht mehr gebraucht wurden. Das Pferd wurde zum „Zehenspitzengänger". Dadurch kann es besonders schnell laufen. Ganz schön clever, die Natur.

Pferde, Zebras und Esel sind nicht die einzigen Tiere mit Hufen. Auch Nashörner, Giraffen, Hirsche, Antilopen, Rinder und viele andere Tierarten finden ihre Hufe sehr praktisch. Tiere, die auf Hufen gehen, nennen wir Huftiere.

Hart und doch elastisch

**Die Hufe des Pferdes sind sehr hart und widerstandsfähig. Gleichzeitig ist der Huf aber auch elastisch und passt sich an Unebenheiten im Boden gut an. Deshalb kann sich das Pferd selbst im schnellen Galopp auf schwierigem Gelände sicher bewegen.
Außerdem kann das Pferd mit den Hufen den Untergrund erfühlen. So wird es gewarnt, wenn der Boden nicht dazu geeignet ist, darauf schnell zu laufen.**

Der Huf von unten. Unter der Hufsohle und dem Hufstrahl, dem weichen Teil des Hufs, liegen viele Nerven. Somit kann das Pferd den Boden befühlen und erfährt, wie dieser beschaffen ist.

Tut das weh?

Nein, das Beschlagen des Pferdes verursacht ihm keine Schmerzen. Um das zu verstehen müssen wir uns den Huf genauer anschauen. Wir können ihn mit unseren Fingernägeln vergleichen, das Hauptmaterial ist dasselbe: Keratin, auch Horn genannt. Das Schneiden der Fingernägel tut ja auch nicht weh, weil darin vorne keine Nerven verlaufen. Wird ein Fingernagel aber aus Versehen viel zu kurz geschnitten, dann tut es weh und blutet ein bisschen. Genau so ist es beim Pferd! Deshalb ist der Hufschmied ein gut ausgebildeter Fachmann, der genau weiß, wo er die Metallnägel in den Huf einschlagen muss.

Auch Nashörner sind Huftiere

Gemeinsam stark

Pferde sind sehr gesellige Tiere. Sie lieben es, in einer Gruppe zu leben. So eine Gruppe nennen wir Herde.

Ein Pferd alleine ist meistens unglücklich. Zwei Pferde sind schon so etwas wie eine kleine Herde, vier bis sechs Pferde bilden bereits eine richtige Herde.

In Herden von Wildpferden leben mehrere Stuten (weibliche Pferde), mit ihren Fohlen (Junge) und einem Hengst (männliches Pferd) zusammen. Im Frühjahr paart sich der Hengst mit den Stuten, und elf Monate später kommen die Fohlen zur Welt. Schon wenige Stunden nach der Geburt kann das Fohlen mit seiner Mutterstute der Herde folgen.

Wenn das Fohlen zum Jungpferd heranwächst, bildet es mit Gleichaltrigen sogenannte Junggesellengruppen. Die Tiere werden dann selbstständig und schließen sich zu neuen Herden zusammen.

Unsere Hauspferde sind den Wildpferden im Verhalten noch sehr ähnlich. Auch sie leben am liebsten in einer Herde mit anderen Pferden zusammen. In den Herden der Hauspferde leben meistens Stuten und Wallache. Weil Hengste sehr eifersüchtig mit anderen Hengsten um die Stuten kämpfen, werden sie oft kastriert. Das bedeutet, sie werden so operiert, dass sie danach keine Jungen mehr zeugen können. Nach der Kastration heiß das männliche Pferd Wallach und ist jetzt weniger hitzköpfig. So können Stuten und Wallache gemeinsam leben, ohne dass es allzu viel Streit gibt.

Solche Kämpfe sehen zwar gefährlich aus, führen aber nur selten zu Verletzungen

Raufen und Spielen

In einer Herde geht es meistens sehr friedlich zu. Sehr selten sieht man Pferde kämpfen. Wenn es doch einmal zu einer Auseinandersetzung kommt, geht es meistens um die Rangfolge innerhalb der Herde. Jungstuten erben oft den Rang ihrer Mütter. Hengstfohlen dagegen müssen sich ihren Platz erkämpfen. Deshalb sieht man die jungen Hengste und Wallache oft bei spielerischen Raufereien. Sie erheben sich dabei auf ihre Hinterbeine und steigen voreinander hoch. Oder sie gehen in die Knie und versuchen sich gegenseitig in die Vorderbeine zu zwicken und zu beißen. Diese Zwick- und Raufspiele finden fast immer ohne Verletzungen statt. Ebenfalls sehr beliebt sind Rennspiele, besonders bei den jungen Heranwachsenden.

Diese beiden Pferde sind beste Freunde

Beste Freunde

Pferde schließen untereinander oft sehr enge Freundschaften. Pferdefreunde stehen nahe zusammen, wenn sie dösen, sie spielen miteinander und grasen gemeinsam auf der Wiese. Sie wedeln sich mit ihrem Schweif (Schwanz) gegenseitig die Fliegen aus dem Gesicht. Wenn die Zeit gekommen ist, in der sie zum Sommer oder zum Winter hin das Fell wechseln oder wenn sie von Mücken gestochen wurden, kratzen sie sich gegenseitig mit den Zähnen. Werden sie getrennt, weil ein Pferd geritten wird, steht das andere ungeduldig am Zaun und wartet auf seinen Freund. Manchmal wiehert es auch, und sein Pferdefreund wiehert zurück.

Gleich zwei!

Normalerweise bringt die Stute nach einer Trächtigkeit von etwa elf Monaten nur ein einziges Fohlen zur Welt. Sehr selten ist die Stute aber auch einmal mit Zwillingen trächtig. Leider stirbt oft eines der Fohlen oder die Mutterstute nimmt Schaden. Geht aber alles gut und die Mutter ebenso wie die neugeborenen Zwillinge sind wohlauf, ist das natürlich etwas ganz Besonderes!

Nur in der Herde fühlen sich Pferde wohl

Die Sinne der Pferde

Pferde sind zwar seit tausenden Jahren domestiziert, aber dennoch haben sie nicht die scharfen Sinne verloren, die ihre Vorfahren, die Wildpferde, zum Überleben in der freien Natur brauchten. Auch vom Menschen gehaltene Pferde können also hervorragend hören, sehen und riechen.

Wache Augen

Ist dir schon einmal aufgefallen, dass die sehr schönen, großen Augen der Pferde seitlich am Kopf sitzen? Auch bei Hirschen, Gazellen oder Hasen befinden sich die Augen seitlich am Kopf. Im Gegensatz dazu sind bei uns Menschen, bei Hunden, Katzen und großen Raubkatzen die Augen vorne am Kopf. Der Grund dafür ist die jeweils unterschiedliche Lebensweise. Pferde, Hirsche, Gazellen und Hasen sind Fluchttiere. Wenn sich ein Raubtier nähert, rennen sie so schnell sie können davon, um nicht gefressen zu werden. Um das Raubtier überhaupt erspähen zu können und dann auf der Flucht benötigen sie eine gute Rundumsicht. Sie müssen den Fluchtweg im Auge behalten und gleichzeitig das Raubtier, das sie verfolgt. Deshalb sitzen die Augen beim Fluchttier seitlich am Kopf.

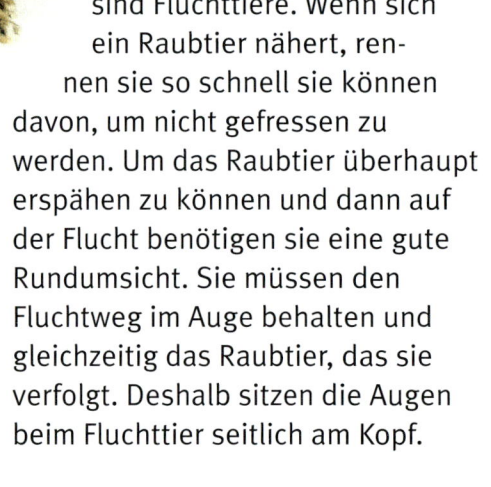

Hasen sind Fluchttiere und haben seitlich am Kopf sitzende Augen

Der Wolf ist ein Raubtier, seine Augen sitzen vorne am Kopf

Grasende Pferde mit ihren seitlich am Kopf sitzenden Augen haben eine gute Rundumsicht

Pferde sehen nachts viel besser als Menschen

Das Raubtier, der Jäger, der seine Beute erlegen will, hat das Fluchttier fest mit beiden Augen im Blick, weil er es bei der Verfolgung nicht aus den Augen verlieren darf. Deshalb sitzen bei ihm die Augen vorne am Kopf.

Grasende Pferde können mit ihren Augen fast die komplette Umgebung wahrnehmen, ohne ihren Kopf drehen zu müssen. Das ist sehr praktisch, denn so können sie ein Raubtier, das sich anschleicht, schnell entdecken und fliehen.

Der Nachteil an dieser Rundumsicht ist, dass sie Bewegungen zwar selbst auf große Entfernungen wahrnehmen können, aber nur unscharf. Das ist der Grund, warum viele Reitpferde so schreckhaft sind. Sie sehen eine Bewegung, die ihnen verdächtig vorkommt, können aber nicht unterscheiden, ob es ein Puma auf dem Sprung ist oder eine große Plastikplane, die der Wind aufgewirbelt hat. Wenn Pferde eine überraschende Bewegung in ihrer Umgebung wahrnehmen, dann springen sie zur Seite und setzen zur Flucht an. Weil das Pferd ein Fluchttier ist, rennt es erst los und hält dann in sicherer Entfernung wieder an. Dann dreht es den Kopf und schaut das verdächtige Objekt mit beiden Augen an. Jetzt kann das Pferd scharf sehen und entscheiden, ob tatsächlich Gefahr droht. Für das Fluchttier gilt: „Im Zweifelsfall zuerst rennen, dann nachschauen!"

Gute Sicht bei Nacht
Pferde sehen im Dunkeln viel besser als wir. Sie brauchen ja auch eine gute Sicht bei Nacht, wenn die Raubtiere auf die Jagd gehen.

Bei Reitern aber ist dieses Verhalten der Pferde sehr gefürchtet. Denn wenn man vom plötzlichen seitlichen Wegspringen des Pferdes überrascht wird, fällt man als Reiter leicht herunter.

Pferde können ihre Augen auch nur sehr langsam von Hell auf Dunkel umschalten. Deshalb zögern sie, wenn sie bei hellem Sonnenschein in einen dunklen Stall geführt werden. Ihre Augen brauchen viel länger als unsere, um sich auf das Sehen im Dunkeln umzustellen.

Bewegliche Ohren

Wenn Du eine grasende Pferdeherde beobachtest, kannst du sehen, dass die Ohren der Tiere sich in alle Richtungen bewegen. Im Gegensatz zu unseren Ohren, die ziemlich unbeweglich am Kopf sitzen, sind Pferdeohren also sehr beweglich. Das Tier kann damit sehr wirksam seine gesamte Umgebung nach verdächtigen Geräuschen absuchen. Als Fluchttier ist ein Pferd immer wachsam und kann mit einem Ohr nach hinten lauschen, während das andere nach vorne hört.

Das Gehör des Pferdes ist viel besser als das des Menschen, deshalb erschrickt es auch vor Geräuschen, die wir nicht einmal wahrnehmen.

Wenn ein Pferd etwas Spannendes hört, hebt es den Kopf und spitzt die Ohren. Beide Ohren sind dann nach vorne gerichtet, und die Augen schauen in die gleiche Richtung. So kann das Pferd in die interessante Richtung scharf sehen und mit beiden Ohren hören.

Ein Hispano-Wallach mit entspanntem Gesichtsausdruck. Die Nüstern sind leicht gebläht, weil er etwas Interessantes riecht.

Neugierige junge Pferde mit gespitzten Ohren

Pferde nicht von hinten erschrecken!

In zwei Bereichen kann ein Pferd nichts sehen, das sind die sogenannten „toten Winkel": in einem kleinen Bereich direkt vor seiner Nase und in einem größeren direkt hinter sich. Schleiche Dich also niemals leise von hinten an ein Pferd an, sonst erschrickt es und schlägt nach Dir aus! Wenn Du also mal von hinten kommst, sprich freundlich mit dem Pferd, damit es weiß, dass Du da bist.

Hervorragender Geruchssinn

Der Geruchssinn des Pferdes ist außerordentlich gut – viel besser als der des Menschen, aber nicht ganz so gut wie der von Hunden. Mit der Nase entscheidet das Pferd, welche Kräuter und Gräser es fressen wird und welche nicht. Auch seine Artgenossen und befreundete Menschen erkennt das Pferd am Geruch. Es kann Rauch von einem Waldbrand auf große Entfernungen riechen und natürlich sich anschleichende Raubtiere. Das Gleiche gilt für lebensnotwendige Wasserstellen und die Schutz bietende Herde.

Flehmendes Pferd

Pferde können die Oberlippe lang machen und hoch anheben. Dann sieht es aus, als ob sie lachen würden, weil wir Zähne und Zahnfleisch sehen können. In Wahrheit haben sie aber etwas Spannendes gerochen. Um den Geruch besser untersuchen zu können, schließen sie mit der Oberlippe ihre Nüstern. Die eingeatmete Luft wird dann an das sogenannte Jacobson'sche Organ in der Nase geleitet, das den Duft noch besser analysieren kann.

Dieses Pferd zeigt sein Drohgesicht mit angelegten Ohren. Da heißt es auch für Dich: Aufpassen, komm dem Tier jetzt nicht zu nah!

Die Sprache der Pferde

Können Pferde miteinander sprechen? Ja, wenn auch natürlich nicht wie wir Menschen. Aber um sich untereinander zu verständigen, haben sie eine ganze Menge Möglichkeiten, von Lauten wie Wiehern oder Schnauben bis hin zu Körpersprache.

Die Stimme

Beobachtest Du eine Pferdeherde auf der Weide, wirst Du feststellen, dass sie sehr leise ist. Auch das hat seinen Grund darin, dass diese Tiere sich noch immer vor Raubtieren verbergen wollen. Wenn sie leise sind, werden ihre Feinde nicht auf sie aufmerksam. Aber wenn ein Pferd den Anschluss an seine Herde verloren hat, dann wiehert es, und die anderen Pferde antworten. Das Wiehern kann sehr laut sein, und die anderen Pferde hören es noch in weiter Entfernung. So finden alle wieder zusammen.

Wenn ein Pferd ein anderes begrüßt, macht es ein leises Geräusch, das sich anhört wie „höhöhöhö". Dabei flattern seine Nüstern (die Nasenlöcher).

Wenn Du mit einem Pferd befreundet bist, dann begrüßt es auch Dich mit diesem leisen „Höhöhöhö". Du kannst sehr stolz darauf sein, denn das bedeutet, dass es Dich als Freund ansieht.

Ein Pferd, das sich sehr freut, wiehert ebenfalls kräftig.

> **Wer quietscht denn da?**
> Manchmal kannst Du in der Pferdeherde auch ein lautes Quietschen vernehmen, das sich gar nicht anhört wie von einem Pferd. Dann streiten sich die Pferde oder drohen einander, wie wenn sie sagen wollten: „Beib auf Abstand, sonst gibt es Streit!"

Körpersprache

Fast alle „Unterhaltungen" unter Pferden finden jedoch lautlos statt – sie bedienen sich der Körpersprache. Auch Du kannst diese Sprache verstehen, wenn Du weißt, worauf Du achten musst.

Können Ohren sprechen?

Zuerst beobachtest Du die Ohren. Wenn sie steil aufgerichtet sind, hat das Pferd etwas Interessantes gesehen oder gehört. Liegen sie dagegen flach nach hinten an, ist es wütend oder ärgerlich. Mit angelegten Ohren droht das Pferd auch, und dann musst Du unbedingt Abstand halten! Es sagt damit: „Bleib auf Abstand, oder ich beiße und schlage mit meinen Hufen aus!" Das ist sehr gefährlich, also achte immer auf die Ohren des Pferdes.

Beim Dösen sind die Ohren entspannt und leicht zur Seite gekippt. Beim Grasen auf der Wiese lauscht das Pferd, ob sich Raubtiere anschleichen. Es dreht dabei die Ohren in alle Richtungen.

Die Lippen sagen es

Sein Maul, also die Lippen und die Nüstern, setzt das Pferd ebenfalls bei der Körpersprache ein. Sind sie entspannt und weich, fühlt das Pferd sich wohl.

Es kann die Nüstern auch wütend zusammenkneifen und die Lippen anspannen, sodass Du vielleicht sogar seine großen Zähne siehst. Dann halte besser Abstand, damit das Pferd Dich nicht beißt.

Beim Dösen und Schlafen hängt die Unterlippe herunter. Das sieht lustig aus, weil Du dann auch die Zähne siehst. Das ist aber kein Drohen, sondern das Pferd ist nun sehr entspannt. Und wenn es sehr müde ist, macht es genau dasselbe wie Du: Es gähnt!

> **Müde Pferde**
>
> Wie schlafen Pferde eigentlich? Da sie als Fluchttiere immer auf der Hut sind, dösen oder schlafen sie meist im Stehen. Aber wenn sie sich sicher fühlen, legen sie sich für kurze Zeit zum Schlafen hin. Ein befreundetes Pferd hält neben dem schlafenden Artgenossen immer Wache.

Dieses gähnende Jungpferd ist sicher pferdemüde!

Diese Vollblut-Araberstute hat etwas Verdächtiges entdeckt

Kopf hoch!

Wenn ein Pferd etwas Interessantes oder Verdächtiges wahrgenommen hat, hebt es seinen Kopf weit in die Höhe. So kann es besser und weiter sehen, hören und riechen. Seine Muskeln sind dann ganz angespannt, und es ist bereit zur Flucht. Seine Augen sehen groß und hellwach aus, die Ohren sind gespitzt. Blitzschnell entscheidet es sich für Flucht im schnellen Galopp, oder es merkt, dass doch keine Gefahr droht. Dann entspannt es sich wieder, die Muskeln werden weich, und der Pferdekopf senkt sich erneut zum Dösen oder Grasen.

Sind Pferde intelligent?

Für viele Menschen bedeutet Intelligenz, in der Schule gute Noten zu schreiben und im Beruf erfolgreich zu sein. Intelligente Menschen haben ein gutes Gedächtnis, eine hohe Konzentrationsfähigkeit, sie lernen schnell und haben es leicht, komplizierte Dinge zu verstehen. Pferden in der Natur ermöglicht ihre Intelligenz, dort überleben zu können. Sie haben ein gutes Gedächtnis für Futterstellen und für Orte, an denen sich Raubtiere gerne aufhalten. Sie erkennen einmal gegangene Pfade und Wildwechsel wieder und können sich gut im Raum orientieren.

Ein deutliches Zeichen von Intelligenz ist auch die Fähigkeit, sich an eine neue Umgebung anzupassen und darin zu bestehen. Intelligente Pferde gehen mit Veränderungen flexibel um.

Der Großteil der Pferde lebt jedoch heute nicht mehr in der Wildnis, sondern als Hauspferd in einer Welt, die stark vom Menschen verändert wurde. Es ist eine intelligente Anpassungsfähigkeit der Pferde, durch Lernen als Jungtier ihre angeborenen Instinkte wie zum Beispiel das Fluchtverhalten zu überwinden. Deshalb sind Kutschpferde in der Lage, sich mithilfe ihres Kutschers im Straßenverkehr zurechtzufinden. Sie fliehen nicht mehr vor unbekannten Geräuschen, wie es ihr Fluchtinstinkt eigentlich vorsieht. Reitpferde, die eine gute Ausbildung haben, folgen auch nicht anderen Pferden, die ihnen begegnen, wie ihr Herdeninstinkt es ihnen sagt, sondern sie haben gelernt, auf ihren Reiter zu hören. Durch intelligentes Lernen sind Pferde also in der Lage, für den Menschen als Reitpferd, Arbeitspferd oder Sportpartner zu arbeiten und damit ihr Überleben als Haustierart zu sichern.

Verkehrssichere Kutschpferde beweisen die hohe Anpassungsfähigkeit der Pferde an eine künstliche Umwelt

Das Jungpferd lernt dank seiner Intelligenz, furchtlos über Plastik zu gehen

Was sind Instinkte?

Im Kapitel zuvor war mehrfach von „Instinkt" die Rede. Aber was ist das überhaupt? Instinkte sind angeborene Verhaltensweisen. Das Pferd kommt damit zur Welt und perfektioniert sie durch Lernen von den anderen Pferden. Wichtig sind beispielsweise der Fluchtinstinkt und der Herdentrieb: Pferde suchen immer die Nähe zu anderen Pferden und möchten stets in einer Gruppe leben. In der Herde fühlen sie sich am sichersten.

Grasende Wildpferde und auch grasende Hauspferde sind ständig aufmerksam und suchen mit ihren beweglichen Ohren, den Augen und dem Geruchssinn die Umgebung nach verdächtigen Geräuschen, Bewegungen oder Gerüchen ab. Wenn sie etwas Auffälliges hören oder sehen, heben sie den Kopf und spitzen die Ohren. Dadurch können sie die vermutete Gefahr mit beiden Augen scharf sehen und mit beiden Ohren die Geräusche wahrnehmen. Wenn ein Pferd bemerkt, dass wirklich Gefahr droht, rennt es im Galopp mit hoher Geschwindigkeit davor weg. Und alle anderen Pferde rennen mit. So wirken Fluchtinstinkt und Herdentrieb zusammen.

Der Herdentrieb ist ein starker Instinkt bei Pferden

Räumliche Orientierung

Pferde können sich sehr gut räumlich orientieren. Das Wildpferd muss genau wissen, wie es den Weg zur Wasserstelle wieder findet und wohin es im Herbst wandern muss, um zu besseren Weidegründen zu gelangen. Eine gute Orientierung ist für das Wildpferd also überlebenswichtig.

Unsere Hauspferde besitzen diese praktische Fähigkeit heute immer noch. Jeder Reiter weiß, dass sein Pferd allein den Weg zurück zum Stall findet, wenn der Reiter selbst ihn nicht mehr weiß oder wenn er heruntergefallen ist und das Pferd alleine nach Hause läuft. Es kombiniert dabei eine angeborene Fähigkeit, die räumliche Orientierung, mit seinem Herdentrieb und der intelligenten Gedächtnisleistung, sich den Weg zu merken.

Mit dem Erlernen neuer Fähigkeiten beweist ein Pferd seine Intelligenz. Hier ein Ardennen-Pferd, das zum Ziehen von Stämmen ausgebildet wurde.

Das Pferdegehirn

Das Pferdegehirn ist kleiner als das Gehirn des Menschen, aber es ist ganz ähnlich aufgebaut. Das Stammhirn ist der älteste Teil des Gehirns und Sitz der Instinkte. Im sogenannten Limbischen System sind die Gefühle wie Freude, Ärger oder Angst zu Hause. Das Kleinhirn regelt Bewegungsabläufe und Gleichgewicht. Das Großhirn ist der größte Teil des Gehirns und zuständig für das Denken und für die Gedächtnisleistung, also die Fähigkeit, sich an etwas zu erinnern.

Millimeterarbeit auf Kommando

Seit einigen Jahren lebt die alte Tradition des Holzrückens im Wald mit Pferden wieder auf. Weil Pferde mit ihren Hufen den Waldboden viel weniger zerstören als schwere Traktoren, gibt es heute wieder immer mehr dieser Tiere, die in der Forstwirtschaft arbeiten. Meist sind es sehr starke Kaltblüter wie der Schwarzwälder Fuchs oder das französische Comtois (sprich: Comtoá), die die gefällten Baumstämme durch das Unterholz bis auf den Waldweg ziehen.

Diese Pferde haben in einer sorgfältigen Ausbildung gelernt, auf Stimmkommandos hin die schweren Stämme nach links oder rechts zu bewegen, anzuhalten und loszugehen. Sie verlassen sich dabei ganz auf ihre feinen Ohren und bewegen die Holzstämme millimetergenau zwischen den Bäumen hindurch.

„Wäre doch gelacht, wenn ich die Tür nicht aufkriege!"

Knoten lösen, Türen öffnen, Zäune überlisten

Viele Hauspferde sind sehr erfindungsreich, wenn es darum geht, an besseres Futter zu gelangen. Jeder, der mit Pferden zu tun hat, kennt mindestens ein Pferd, das man kaum zuverlässig anbinden kann, weil es gelernt hat, den Knoten mit den Zähnen zu lösen. Und manche Pferde können sogar Boxentüren und Zauntore öffnen. Mit der neu gewonnenen Freiheit geht es zur nächsten Wiese, um Gras zu fressen, oder sie laufen zum nächsten Baum, um Blätter zu naschen.

Freundschaft mit dem Erzfeind

Da Hunde Fleisch fressen und wie der Wolf oder andere Raubtiere beide Augen vorne am Kopf haben, fürchten sich viele Pferde vor ihnen. Sie ergreifen die Flucht, wenn ein Hund auf sie zurennt, und sie verteidigen sich mit Zähnen und Hufen, wenn sie in die Enge getrieben werden. Es gehört zum natürlichen Verhalten vieler Hunderassen, Rehe, Kaninchen und auch Pferde zu jagen. Deshalb brauchen Hunde eine gute Ausbildung, damit sie ihren Jagdinstinkt kontrollieren können, um friedlich mit anderen Tieren zusammenzuleben. Das Pferd andererseits kann mithilfe des Menschen lernen, seinen natürlichen Fluchtinstinkt zu überwinden und Hunde als Freunde zu akzeptieren. Freundschaft zwischen dem Raubtier Hund und dem Beutetier Pferd ist eine gelernte Fähigkeit und ein Ausdruck von intelligentem Lernen.

Die Pferderassen

Pferd ist nicht gleich Pferd: Es gibt über 400 verschiedene Rassen! Jede sieht anders aus und hat bestimmte Eigenschaften. Sie werden eingeteilt in Pony, Kleinpferd und Großpferd. Ein paar davon möchte ich Dir nun vorstellen.

Ponys und Kleinpferde

Als Ponys und Kleinpferde werden Rassen bezeichnet, die kleiner als 148 Zentimeter sind. Es handelt sich um sehr genügsame Tiere, die beispielsweise kaum Kraftfutter brauchen.

So viele!
Was glaubst Du, wie viele Pferde gibt es wohl in Deutschland? Zehntausend? Vielleicht sogar hunderttausend? Nein, es sind noch viel mehr, nämlich über eine Million!

Shetlandpony

Shetlandponys kommen von den britischen Shetland-Inseln und sind sehr robuste, an das dort herrschende raue Klima angepasste Pferdchen. Sie sind nur 95 bis 107 Zentimeter groß und trotzdem sehr, sehr kräftig. Deshalb wurden sie früher in der Landwirtschaft eingesetzt und als Grubenpferde im Bergbau. Heute sind sie sehr beliebte Reitponys für Kinder und ziehen Kutschen. Aber Achtung, Shetlandponys sind sehr intelligent und kein Spielzeug! Sie wollen als richtige Pferde respektiert werden.

Dartmoorpony

Dartmoorponys sind etwas größer als Shetlandponys und bis 127 Zentimeter hoch. Sie kommen aus den Mooren Südwest-Englands und waren früher ebenfalls kräftige Arbeitstiere in der Landwirtschaft und im Bergbau. Sie wurden auch als Reittiere genutzt und sind heute noch beliebte Reitponys für Kinder oder Zugtiere für Kutschen. Wie der Konik werden auch Dartmoorponys gerne im Naturschutz eingesetzt. Sie sind anspruchslos und fressen selbst altes, gefrorenes und verholztes Gras. Damit halten sie die Landschaft offen und verhindern, dass sich geschlossene Wälder bilden.

Deutsche Reitponys sind die beliebtesten Ponys aus deutscher Zucht

Deutsches Reitpony

Die meisten Ponyrassen sehen den Wildpferden sehr ähnlich, wie sie in alten Höhlenmalereien aus der Steinzeit dargestellt sind. Das Deutsche Reitpony jedoch ist ganz anders. Es ist nicht so robust wie die anderen Ponyrassen, sein Fell ist kürzer und feiner, die Beine sind länger und eleganter. Es unterscheidet sich vom Deutschen Reitpferd nur in der Größe: Es darf bis 148 cm groß sein und wurde als Turnierpony für Kinder und Jugendliche gezüchtet.

Haflinger

Der Haflinger ist ein sehr robustes, kräftiges Kleinpferd, zwischen 140 und 155 cm groß. Bergbauern züchteten diese Rasse in Südtirol. Haflinger gelten als besonders trittsicher auf den steilen Gebirgspfaden und brauchen nur sehr wenig Futter. Das Fell des Haflingers ist fuchsfarben, und weil seine Mähne und sein Schweif sehr hell sind, nennt man diese Fellfarbe Lichtfuchs. Wegen seines ruhigen und genügsamen Wesens wurde der Haflinger in der Landwirtschaft und der Forstwirtschaft in den Bergen eingesetzt. Auch das Militär nutzte den Haflinger im Zweiten Weltkrieg als Tragetier. Heute wird er vor allem als Reitpferd für Jugendliche und Erwachsene sowie als Kutschpferd verwendet.

Kraft pur: Norwegisches Fjordpferd

Norwegisches Fjordpferd

Das Norwegische Fjordpferd ist wie der Haflinger ein robustes, kräftiges Kleinpferd. Es kann zwischen 135 und 150 cm hoch sein und ist sehr vielseitig einsetzbar. Es hat in der Landwirtschaft gearbeitet, in der Forstwirtschaft zum Holzrücken und auch beim Militär als Tragetier. Heute ist es überwiegend Reit- und Fahrpony.

Das Fjordpferd hat eine traditionelle, charakteristische „Frisur": Durch seinen schwarzen Aalstrich, der sich längs über den ganzen Rücken zieht, sind die Haare in der Mitte der Mähne schwarz, außen auf beiden Seiten dagegen flachsfarben. Wenn man die Mähnenhaare kurz genug schneidet und die schwarzen Haare etwas länger lässt, dann trägt das Fjordpferd eine schicke Stehmähne.

Islandpferd

Wie der Name schon sagt, kommt dieses Pferd von der Vulkaninsel Island, die weit im Norden Europas in der Nähe des nördlichen Polarkreises liegt. Durch sein sehr dickes Fell, eine üppige Mähne und einen dichten Schweif ist das Islandpferd an das wilde Wetter in Island sehr gut angepasst. Es hat eine Größe zwischen 130 und 150 cm und ist sehr kräftig.

Islandpferde gibt es in vielen verschiedenen Fellfarben. In Deutschland ist es sehr beliebt als Reitpferd für Kinder und Erwachsene.

Das Besondere am Islandpferd sind seine speziellen Gangarten. Es geht nicht nur Schritt, Trab und Galopp, sondern beherrscht auch den Tölt und manche sogar den Rennpass. Der Tölt ist für den Reiter sehr bequem, denn dabei gibt es keine Schwebephase, sondern es handelt sich um eine gelaufene Gangart.

Großpferde

Bei den Großpferden unterscheiden wir Vollblüter, Warmblüter und Kaltblüter. Diese Namen beziehen sich nicht auf die tatsächliche Bluttemperatur der Pferde – sie liegt bei allen Pferde gleich, nämlich bei etwa 37,5 bis 38 Grad Celsius. Die Namen beziehen sich vielmehr auf das Temperament der Pferde. Das Vollblutpferd ist besonders feurig und kann schnell nervös werden. Kaltblutpferde sind besonders „cool" und nicht so schnell aus der Ruhe zu bringen. Warmblüter schließlich sind ausgeglichene, vielseitige Pferde und stehen mit ihrem Temperament zwischen Vollblut und Kaltblut.

Vollblüter und Traber

Als Vollblüter werden meist Rassen bezeichnet, die von Araberpferden abstammen. Bei Trabern ist mindestens ein Elternteil ein Vollblüter. Vollblüter gelten vielen Pferdefreunden als die schönsten und edelsten Rassen.

Araber sind herrliche, edle Pferde

Arabisches Vollblut

Das Arabische Vollblut wurde von den Beduinen der Arabischen Halbinsel gezüchtet. Die Beduinen brauchten ein schnelles, ausdauerndes Wüstenpferd, mit dem sie unter härtesten Bedingungen weite Strecken zurücklegen konnten. Arabische Pferde sind bei Distanzrennen von 80 oder 160 Kilometern die schnellsten Pferde. Sie sind berühmt für ihre Schönheit, ihre Ausdauer und für ihr feuriges Temperament.

Englisches Vollblut

Das Englische Vollblut ist ein Galopprennpferd und auf kurze Strecken das schnellste Pferd der Welt. Es ist sehr, sehr schlank, langbeinig und sozusagen der Windhund unter den Pferden. Bei einem Galopprennen kann es Spitzengeschwindigkeiten von über 70 Kilometer pro Stunde laufen. Es ist sehr temperamentvoll und braucht einen sicheren, erfahrenen Reiter.

Traber können wie hier auch Passrennen laufen

Traber

Der Traber ist, wie der Name schon verrät, auf Trabrennen spezialisiert. Er kann einen besonders raschen Trab, den Renntrab, der bis 50 Kilometer pro Stunde schnell ist. In manchen Ländern laufen Traber auch Passrennen. Beim Pass bewegt das Pferd beide Beine einer Körperseite gleichzeitig nach vorn, während sich das Beinpaar der anderen Körperseite gerade vom Boden abstößt. Bei den Trabrennen trägt der Traber keinen Reiter, sondern er zieht eine sehr leichte Kutsche, die Sulky heißt.

Gewinner!

Manche Pferde gewinnen so viele Rennen, dass sie weltberühmt werden und die Zeitungen mehr über sie berichten als über Politiker. Ein solches Pferd war Seabiscuit, ein US-amerikanisches Vollblut-Rennpferd. In insgesamt 89 Rennen siegte Seabiscuit 33 Mal, wurde 15 Mal Zweiter und 13 Mal Dritter.

Warmblüter

Natürlich beträgt die Körpertemperatur von Warmblütern etwa 38 Grad Celsius, wie bei allen anderen Pferden auch. Gemeint ist mit dieser Bezeichnung, dass es sich hierbei um lebhafte, temperamentvolle Rassen handelt.

Deutsches Reitpferd

Der Ursprung dieser Gruppe von Rassen sind schwere Arbeitspferde, die mit Arabern, Spaniern und Englischen Vollblütern gekreuzt wurden. Die Mischung aus kräftigen Pferden mit leichten, schnellen und wendigen Rassen war besonders gut geeignet für den Kriegseinsatz mit berittenen Soldaten. Zuchtziel war ein sportliches Pferd zum Reiten und Fahren und für den Einsatz beim Militär. Im modernen Pferdesport, beim Springen, in der Dressur und bei der Vielseitigkeit ist das Deutsche Reitpferd extrem erfolgreich. Zu dieser Rassegruppe zählen beispielsweise das Deutsche Sportpferd, Hannoveraner oder Trakehner – ein Trakehner-Pferd siehst Du hier auch im Sprung.

Andalusier und Lusitanos

Andalusier sind edle in Spanien gezüchtete Pferde. Eng verwandt ist der auf diesem Foto zu sehende Lusitano, der in Portugal gezüchtet wird. Beide Pferderassen sind ein wichtiger Bestandteil der traditionellen Feste in Spanien und Portugal. Sie sind besonders gut geeignet für die anspruchsvolle Pferdedressur, die Hohe Schule.

Das Quarter Horse ist für die Arbeit der Cowboys unentbehrlich

Quarter Horse

Das Quarter Horse (sprich: Quota Hohrs) wird in USA gezüchtet und ist die häufigste Pferderasse der Welt. Es ist das Pferd der Cowboys und ideal geeignet, um Rinder zu hüten. Seinen Namen hat es von seiner besonderen Schnelligkeit auf einer Rennstrecke von einer viertel Meile (auf Englisch einer „quarter Mile"), die etwa 400 Meter lang ist.

Der Ursprung der Rasse sind Araber, Berber und andalusische Pferde, die die Spanier und Portugiesen nach Amerika mitbrachten.

Berber

Berber sind eine sehr, sehr alte Pferderasse, die aus Nordafrika kommt. Sie sind eng verwandt mit den Andalusiern und Lusitanos. Berberpferde sind sehr menschenbezogen und haben einen ausgeglichenen Charakter. In ihren Ursprungsregionen haben sie früher sogar gemeinsam mit den Menschen im Zelt gewohnt.

Lipizzaner

Lipizzaner sind fast immer Schimmel, und sie werden für die Hohe Schule gezüchtet. Hohe Schule werden die schwierigsten Lektionen der klassischen Reitkunst genannt. Berühmt sind die weißen Lipizzaner durch ihre Reitvorführungen an der Spanischen Hofreitschule in Wien. Der Ursprung der Rasse liegt in spanischen Pferden, deshalb heißt die Wiener Hofreitschule auch Spanische Hofreitschule.

Berberpferde sind sehr ausgeglichen

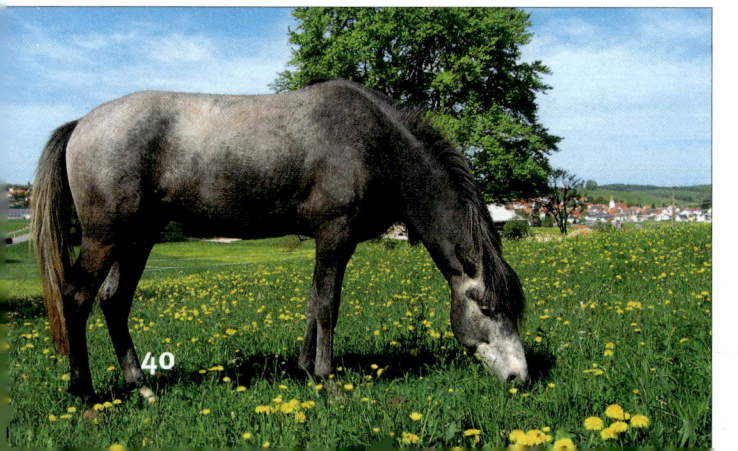

Training der Hohen Schule mit einem Lippizaner

Kaltblüter

Kaltblüter sind kräftige, schwere Pferde, die für die Arbeit in der Landwirtschaft gezüchtet worden sind. Sie waren dort die wichtigsten Helfer, denn sie zogen den Pflug und die schweren Erntewägen. Als Rückepferde holten sie Baumstämme aus dem Wald, in Kutschen transportierten sie Menschen und Waren. Mit der Erfindung des Traktors wurden die Kaltblüter arbeitslos, und viele Kaltblutrassen sind fast ausgestorben. Zum Glück waren sie bei den Menschen aber so beliebt, dass sie weiter gezüchtet wurden. Heute sieht man Kaltblutpferde schwere Brauereiwägen ziehen und Kutschen mit Touristen. Auch in der Landwirtschaft werden sie von einigen Kaltblut-Liebhabern wieder eingesetzt, und im Wald machen sie als Rückepferde dem Traktor Konkurrenz.

Das Shire-Horse (sprich: Scheier Hohrs) ist die größte Pferderasse der Welt

Freundliche Riesen

Das größte Shire Horse, das es jemals gab, lebte vor rund 150 Jahren. Es hieß Sampson und hatte ein Stockmaß von unglaublichen 2,19 Metern. Trotz ihrer beeindruckenden Größe sind diese Kraftprotze sehr sanftmütig.

Ein wunderschöner Brauner Lusitano

Die Farben der Pferde

Wie schön, dass es Pferde in so vielen verschiedenen Farben und Zeichnungen gibt! Ob Rappe oder Schimmel, einfarbig oder gescheckt – für jeden Geschmack findet sich etwas.

Brauner

Ob schokoladenbraun, kastanienbraun oder haselnussbraun, in der Sprache der Reiter heißt ein Pferd mit einem braunen Fell Brauner. Ein Brauner hat eine schwarze Mähne und einen schwarzen Schweif. Oft haben die Ohren hübsche, schwarze Ränder und das Fell an den Beinen wechselt nach unten von Braun zu Schwarz. Ist das Braun besonders dunkel, heißt das Pferd Dunkelbrauner. Noch dunkler ist der Schwarzbraune, er ist fast so schwarz wie ein Rappe.

Eine Pferdeherde kann sehr bunt sein

Ein solcher kraftvoller Rappe bietet einen herrlichen Anblick!

Rappe

Ein Rappe hat ein schwarzes Fell, eine schwarze Mähne und einen schwarzen Schweif. „Fury" und „Black Beauty", die Du vielleicht aus Büchern oder Filmen kennst, sind Rappen. In vielen Pferderassen gibt es Rappen, aber bei den Friesen, einer Pferderasse aus den Niederlanden, sind alle Pferde schwarz. Auch die Mérens-Pferde aus den französischen Pyrenäen sind alle Rappen.

Jede Menge Farben

Wenn Du an einer Pferdekoppel vorbeikommst, werden Dir sicher zuerst die vielen Fellfarben auffallen. Es gibt braune, fuchsrote und schwarze Pferde. Und besonders auffällig sind die weißen Pferde, manchmal sind sie schneeweiß, manchmal grau-weiß und manchmal weiß mit kleinen Punkten. Dann gibt es noch die sandfarbenen Pferde und solche mit Flecken, die fast wie bei Kühen aussehen. In der Sprache der Reiterinnen und Reiter gibt es eigene Namen für die Fellfarben der Pferde.

Dieser Haflinger-Wallach ist ein Lichtfuchs

Fuchs

Füchse haben, wie der Name schon sagt, ein fuchsfarbenes Fell. Mähne und Schweif zeigen oft die gleiche Farbe, aber manchmal sind sie auch dunkler oder heller. Das fuchsfarbene Fell gibt es in vielen Schattierungen. Das macht die Sache mit der Fellfarbe ein bisschen komplizierter, denn man unterscheidet Dunkelfuchs, Kupferfuchs, Kohlfuchs, Lichtfuchs und noch einige mehr.

Falbe

Falben haben ein helles, sandfarbenes oder graues Fell. Mähne und Schweif sind dunkelbraun oder schwarz und oft zweifarbig. Die Zweifarbigkeit kommt vom Aalstrich. Der Aalstrich ist ein schwarzer Farbstreifen im Fell, entlang der Wirbelsäule. Er fängt hinter den Ohren an und endet am Schweif, deshalb ist die Mähne beim Falben oft in der Mitte schwarz und am Rand hellbraun.

Braunfalben haben ein hellbraunes Fell, Mausfalben ein schwärzlich graues und Fuchsfalben ein rötliches, helles.

Schimmel

Weiße Pferde heißen Schimmel. Sie sind als Fohlen meist braun, schwarz oder fuchsfarben und werden erst nach vielen Jahren allmählich weiß. Bis es so weit ist, haben sie jedes Jahr ein bisschen mehr weiße Haare im Fell. Diese Veränderung nennt man „Ausschimmeln". Wenn die weißen Haare apfelförmige Flecken bilden, sprechen wir vom Apfelschimmel. Hat ein weißes Pferd viele lustige, dunkle Tupfen auf dem Fell, nennen wir es Fliegenschimmel, weil die Farbflecken wie Fliegen aussehen.

Das Appaloosa

Die amerikanischen Appaloosas haben besonders viele kleine, lustige Flecken und heißen auch Tigerschecken. Sie stammen von Pferden ab, die die Spanier mit nach Amerika brachten. Gezüchtet wurde die Rasse dort dann jedoch von den Nez Percé (sprich: Nepersee), einem Indianervolk, das für seine Pferdezucht berühmt war.

Das Appaloosa ist eine indianische Züchtung

Schecke

Besonders bunt geht es bei den Schecken zu. Ihr Fell hat schwarze, braune, rötliche, weiße und graue Flecken. Diese Flecken gibt es in allen Größen, Farbvarianten und Kombinationen. Hat ein Schecke eine schwarze Grundfarbe und weiße Flecken, heißt er Rappschecke. Ist seine Grundfarbe Braun, ist er ein Braunschecke, mit einer rötlichen Grundfarbe ein Fuchsschecke. Pferde mit großen Flecken, die an ein Kuhfell erinnern, haben eine Plattenscheckung. In den folgenden Rassen gibt es besonders viele Schecken oder sie bestehen ausschließlich aus Schecken: Tinker, Lewitzer, Pinto, Appaloosa (sprich: Appalusa), Paint Horse (sprich: Päint Hohrs) und Clydesdales (sprich: Kleidsdäils).

„Laternen", „Blessen" und „Sterne"

Pferde können schöne, weiße Fellflecken am Kopf haben, die man Abzeichen nennt. Es gibt sie in allen Formen und Größen. Ein weißer Streifen auf dem Nasenrücken heißt Blesse. Eine Blesse kann regelmäßig oder unregelmäßig, schmal oder breit sein. Eine sehr breite Blesse heißt Laterne: Die ganze Stirn, der Nasenrücken und die Nüstern sind dann weiß. Ein kleiner weißer Fleck zwischen den Nüstern heißt Schnippe. Ein kleiner weißer Fleck auf der Stirn heißt Stern, Flocke, Flamme oder Blume, je nach Form und Größe. Etwas ganz Besonderes ist das „Mehlmaul": So ein Pferd sieht aus, als hätte es sein Maul und seine Nüstern in eine Schüssel Mehl getaucht. Das Mehlmaul findet man besonders häufig beim Przewalski-Pferd, beim Fjordpferd, beim Exmoor-Pony und beim Haflinger.

Winterfell für die kalten Tage

Alle Pferde wechseln im Herbst vom Sommerfell zu Winterfell. Ponys haben ein besonders dickes, kuscheliges Winterfell. Wenn es schneit, bleibt der Schnee auf dem Ponyrücken liegen und schmilzt nicht, denn das Winterfell ist so dicht, dass die Körperwärme nicht nach außen dringt. So hat es das Pony schön behaglich warm, auch wenn der Winter sehr, sehr kalt ist. Am Ende des Winters, wenn wir noch frieren, wechseln die Pferde schon erneut ihr Fell. Die alten Winterhaare fallen aus, und es wächst ihnen ein feines, seidiges Sommerfell.

Wildesel gehören wie auch Zebras zur Familie der Pferde

Wildpferde – ein Leben in Freiheit

Wildpferde und ihre nächsten wild lebenden Verwandten, die Zebras und Esel, wohnten einst in Nordamerika, Europa, Asien, Afrika und Südamerika. Sie lebten in waldfreien, offenen Steppen und Savannen. Dort fraßen sie am liebsten Gräser und Kräuter, aber auch Wurzeln, Knollen und Zwiebeln der Steppenpflanzen. Natürliche Feinde der Pferde sind vor allem große Raubkatzen, Wölfe oder Bären. Die beste Verteidigung der Pferde sind ihr wachsames Verhalten und die schnelle Flucht, im Notfall können sie aber auch mit den Vorder- oder Hinterhufen kräftige Tritte austeilen und beißen.

Umzug von Berlin in die Mongolei
Im Juli 2012 wurden die Przewalski-Pferde Greta und Xara in 38 Flugstunden von der Döberitzer Heide bei Berlin bis in die Mongolei geflogen, um sie dort auszuwildern.

Von den Wildpferden hat als einzige Art das Przewalski-Pferd (sprich: Pschewalski-Pferd) überlebt. Alle anderen Wildpferdearten sind in freier Natur ausgestorben. Das Przewalski-Pferd wurde nach seinem Entdecker benannt, dem russischen Forschungsreisenden Nikolai Michailowitsch Przewalski. Ursprünglich lebte es wahrscheinlich in Mitteleuropa. Nach dem Ende der letzten Eiszeit wuchsen dort jedoch Wälder. Deshalb zog sich das Przewalski-Pferd in die zentralasiatischen Steppen zurück, denn die Steppe ist sein bevorzugter Lebensraum.

Bei seiner Entdeckung in der zweiten Hälfte des 19. Jahrhunderts waren Wildpferde nur noch in den Trockensteppen und Halbwüsten der südwestlichen Mongolei und Nord-Chinas verbreitet.

Weil der Mensch sie bejagte oder ihre Lebensräume für sich umwandelte, wurden die Wildpferde immer weniger und wären fast ausgestorben. Ende der 1960er-Jahre waren sie in freier Natur verschwunden. Nur einige Przewalski-Pferde haben in Zoos überlebt, und heute gibt es durch Nachzucht weltweit wieder über 2.000 davon!

Seit 1992 werden in der Mongolei Przewalski-Pferde wieder ausgewildert. Es besteht gute Hoffnung, dass das Wildpferd dort wieder einheimisch wird und bald in großen und kleinen Herden die Steppen und Halbwüsten bewohnt.

Europäisches Erhaltungszuchtprogramm (EEP)
Damit es auch in Zukunft noch Przewalski-Pferde gibt, arbeiten die europäischen zoologischen Gärten in einem sogenannten Erhaltungszuchtprogramm zusammen. Sie züchten diese seltenen Wildpferde und bereiten sie in großen Freilandgehegen auf ihre Auswilderung in der Mongolei vor.

Wildpferde in Deutschland

Im Naturschutzgebiet Döberitzer Heide, westlich von Berlin, kann man 29 Przewalski-Pferde in (fast) freier Wildbahn beobachten. In der etwa zweitausend Hektar großen Wildnis-Kernzone genießen Wildpferde, Wisente und Rothirsche ein freies, nicht vom Menschen beeinflusstes Leben. Ein Hektar ist eine Fläche, die hundert Meter lang und hundert Meter breit ist.

Zum Schutz der Tiere gibt es eine sichere Zaunanlage. Von einem Rundwanderweg aus kannst Du die Tiere beobachten.

Mustangs sind die berühmten Wildpferde der nordamerikanischen Prärie

Im Münsterland, im Naturschutzgebiet „Merfelder Bruch" bei Dülmen, gibt es ebenfalls frei lebende Pferde. Weil sie ein sehr wildes Leben genießen dürfen, werden sie Wildpferde genannt. Das Dülmener Wildpferd ist jedoch eigentlich gar kein richtiges Wildpferd, sondern eine der ältesten Hauspferderassen Deutschlands. Im Merfelder Bruch leben 300 davon in Familiengruppen in einem 350 Hektar großen Wald- und Wiesengebiet. Seit 1907 werden jeden letzten Samstag im Mai die einjährigen Hengste gefangen und verkauft, damit es nicht zu viele Wildpferde im Merfelder Bruch werden. Das ist natürlich keine schöne Erfahrung für die jungen Tiere. Sie bekommen aber ein neues Leben als Reit- oder Kutschpferd, und einige werden sogar Therapiepferd.

Schon vor 700 Jahren wurden die Dülmener Pferde in einer Urkunde erwähnt. Zu dieser Zeit lebten sie noch ganz wild, weil es dort noch nicht so viele Menschen gab wie heute. Im 19. Jahrhundert aber wurden immer mehr Flächen intensiv landwirtschaftlich genutzt, und der Lebensraum der Wildpferde wurde immer kleiner und kleiner. Im Jahr 1845 ließ Alfred Herzog von Croÿ einige Pferde einfangen und richtete ihnen ein Reservat auf seinem Landbesitz ein. So konnten die Tiere bis heute überleben, und Besucher haben die Möglichkeit, sie und ihr freies Leben zu beobachten.
Das Dülmener Wildpferd ist sehr selten und steht deshalb auf der Roten Liste der gefährdeten Haustierrassen der GEH, der Gesellschaft zur Erhaltung alter und gefährdeter Nutztierrassen.

Zum Verlieben schön: Dülmener Wildpferd

Was für kraftvolle Schönheiten! Dülmener Wildpferde sind wirklich ganz besondere Tiere.

Wildpferde weltweit

So wie die Dülmener Wildpferde gibt es weltweit viele verwilderte Hauspferderassen, die in freier Natur ein freies Leben führen dürfen.

Exmoor-Pony

Diese Tiere leben im Süden Englands im Exmoor-Nationalpark. Sie sind die älteste Ponyrasse in England. Kinder lieben sie auch als Reitpferde. Wissenschaftler haben herausgefunden, dass das Exmoor-Pony der nächste Verwandte des ausgestorbenen Tarpans ist, des europäischen Wildpferdes.

Das freie Leben der Pferde in der Camargue

Camargue-Pferde

In Südfrankreich leben die Camargue-Pferde (sprich: Kamarg-Pferde) halb wild im Flussdelta des Flusses Rhône. Sie sind die bevorzugten Reitpferde der Gardians, der berittenen Rinderhirten dieser Region. Camargue-Pferde sind immer Schimmel, haben jedoch als Fohlen ein dunkles Fell.

Mustangs

Viele Menschen denken beim Wort „Wildpferde" an die nordamerikanischen Mustangs. Echte, ursprüngliche Wildpferde sind in Nordamerika jedoch seit ungefähr zehntausend Jahren ausgestorben.

Die Mustangs, die Du kennst und die für die Amerikaner ein Symbol der Freiheit sind, stammen von Hauspferden ab. Sie sind Nachfahren entlaufener Reitpferde der spanischen Eroberer, die sie im 16. Jahrhundert nach Amerika mitgebracht haben.

Mustangs, der Inbegriff von Freiheit

In Australien gab es ursprünglich keine Pferde, heute sind dort die Brumbys heimisch

Brumbys in Australien

Ähnlich wie die Mustangs in Nordamerika gibt es auch in Australien eine große Anzahl wild lebender Pferde. Sie heißen Brumbys und sind ebenfalls Nachfahren entlaufener Hauspferde.

Wildpferde in Namibia

Auch die am Rande der Namib-Wüste wild lebenden Pferde sind die Nachkommen von Hauspferden. Hier leben jedoch nur recht wenige Exemplare, rund 250 bis 300. In den Wirren des 1. Weltkrieges fanden ihre Vorfahren den Weg in die Freiheit.

Wildpferde im Auftrag des Naturschutzes

Etwa tausend Pferde leben in der Nähe von Amsterdam in einem der größten Naturschutzgebiete der Niederlande. Das Gebiet heißt Oostvaardersplassen und war 1968 als Standort für die Erdölindustrie geplant. Aber dann änderten sich die Pläne, und die riesige Region wurde der Natur überlassen. Wildvögel haben das Gebiet zurückerobert, und heute leben dort Seeadler, Fischadler, Silberreiher, Purpurreiher, Löffler, Enten, Stelzvögel, Watvögel. In dieser wilden Landschaft aus Wiesen, Mooren und Seen wurden schon zwanzigtausend Wildgänse auf ein Mal gezählt, und insgesamt gibt es dort über 250 Vogelarten.

Oostvaardersplassen ist jetzt für die Wildvögel so bedeutend wie die großen Vogelschutzgebiete Coto de Doñana in Andalusien und die Camargue in Südfrankreich.

Viele der hier vorkommenden Wildvögel sind auf die offene Graslandschaft als Lebensraum angewiesen, aber ohne die großen Pflanzenfresser Wildpferd, Auerochse und Wisent wächst alles schnell mit Büschen und Bäumen zu.

1992 wurden deshalb als Ersatz für die früher hier einheimischen Wildpferde die sogenannten Koniks angesiedelt, eine Pferderasse. Heckrinder, Hirsche und Rehe ersetzen zudem Auerochse und Wisent – alle diese Tiere fressen die Jungpflanzen von Büschen und Bäumen und sorgen auf diese Weise dafür, dass kein Wald wächst.

In ein paar Jahren wird Oostvaardersplassen durch Zukauf weiterer Flächen mit fünfzehntausend Hektar eines der größten Naturschutzgebiete Europas sein!

Großes Pferde-Quiz

Du bist jetzt ja schon ein richtiger Pferde-Experte. Bestimmt kannst Du deinen Freunden und Verwandten eine ganze Menge über diese faszinierenden Tiere erzählen. Vielleicht hast Du Lust, Dein Wissen zu testen? Dann kreuze bei jeder Frage die Antwort mit Bleistift an, die Du für richtig hältst. Manchmal sind auch mehrere richtige Antworten möglich. Auf Seite 56 findest Du die Antworten. Viel Spaß!

1. Wie lebt das Pferd am liebsten?
a) alleine ○
b) in einer kleinen Herde ○
c) in einer großen Herde ○

2. Welche Fellfarbe haben Fury und Black Beauty? Sie sind ...
a) Schimmel ○
b) Füchse ○
c) Rappen ○

3. Was ist ein Aalstrich?
a) ein Brotaufstrich aus Aal ○
b) ein schwarzer Streifen längs über den Rücken ○
c) ein schlanker Fisch ○

4. Pferde sind?
a) Fluchttiere ○
b) Raubtiere ○
c) Reittiere ○

5. Pferde verbringen den ganzen Tag am liebsten ...
a) mit Grasen auf der Wiese ○
b) mit Fernsehen ○
c) in der Herde ○

6. Was sind Instinkte?
a) angeborenes Verhalten ○
b) etwas schlecht Riechendes ○
c) gelerntes Verhalten ○

7. Was ist ein Hektar?
a) ein Raubfisch ○
b) ein Fruchtsaftgetränk ○
c) eine Fläche, die 100 Meter lang und 100 Meter breit ist ○

8. Wie misst man die Größe des Pferdes?
a) vom Boden bis zu den Ohrspitzen ○
b) vom Boden bis zum Widerrist ○
c) vom Boden bis zur Nasenspitze ○

9. Was ist ein Kaltblutpferd?
a) ein Pferd mit kälterem Blut als andere Pferde .... ○
b) ein Pferd mit einem besonders „coolen" Charakter .... ○
c) ein sehr kräftiges Arbeitspferd .... ○

10. Was sind tote Winkel?
a) Bereiche, in denen das Pferd nichts sieht ○
b) Ein Teil der Stadt, in dem nichts los ist ○
c) Bereiche direkt hinter dem Pferd und direkt vor der Pferdenase .... ○

11. Wie nennt man es, wenn ein Pferd die Oberlippe weit anhebt?
a) Lachen .... ○
b) Flehmen .... ○
c) Rülpsen .... ○

12. Was ist ein Kummet?
a) ein Zuggeschirr für Pferde .... ○
b) ein Gewürz zum Kochen .... ○
c) ein Honigbier .... ○

13. Wer oder was ist Kikkuli?
a) ein Pferdetrainer aus dem Altertum ..... ○
b) ein besonderer Kugelschreiber .... ○
c) der Morgenruf eines Hahnes .... ○

14. Was ist ein Lichtfuchs?
a) ein Fuchs im Wald mit Taschenlampe ... ○
b) ein Pferd mit fuchsfarbenem Fell und heller Mähne .... ○
c) die Fellfarbe der Haflinger .... ○

15. Wer gehört zu den Huftieren?
a) Pferde .... ○
b) Antilopen .... ○
c) Katzen .... ○

16. Wer war Nikolai Michailowitsch Przewalski?
a) ein russischer Zungenbrecher .... ○
b) ein russischer Forschungsreisender ..... ○
c) der Entdecker der letzten Wildpferde ... ○

17. Wie viel wächst der Huf des Pferdes in einem Monat?
a) ungefähr einen Zentimeter .... ○
b) ungefähr fünf Zentimeter .... ○
c) ungefähr zehn Zentimeter .... ○

18. Wie heißt ein weißes Pferd?
a) Falbe .... ○
b) Schimmel .... ○
c) Weißer .... ○

19. Was kann ein intelligentes Pferd?
a) rechnen .... ○
b) sich gut orientieren .... ○
c) sich prima in der Menschenwelt zurechtfinden .... ○

20. Pferde verständigen sich in welcher Sprache?
a) Körpersprache .... ○
b) Zeichensprache .... ○
c) mit Pfeifen .... ○

Lösungen für das Pferdequiz

1) b und c: Pferde leben am liebsten in einer kleinen oder großen Herde
2) c: Fury und Black Beauty sind Rappen
3) b: Ein Aalstrich ist ein schwarzer Streifen längs über den Rücken beim Falben
4) a und c: Pferd sind Fluchttiere und werden oft als Reittiere genutzt
5) a und c: Pferde verbringen den Tag am liebsten mit Grasen auf der Wiese in der Herde
6) a: Instinkte sind angeborenes Verhalten
7) c: Ein Hektar ist eine Fläche, die 100 Meter lang und 100 Meter breit ist
8) b: Die Größe eines Pferdes wird vom Boden bis zum Widerrist gemessen
9) b und c: Kaltblüter sind Pferde mit einem besonders „coolen" Charakter und enorm kräftige Arbeitspferde
10) a und c: Tote Winkel sind Bereiche, in denen das Pferd nichts sieht; sie befinden sich direkt hinter dem Pferd und in einem sehr kleinen Bereich direkt vor der Pferdenase
11) b: Wenn ein Pferd die Oberlippe weit anhebt, nennt man das Flehmen
12) a: Ein Kummet ist ein Zuggeschirr für Pferde
13) a: Kikkuli war ein Pferdetrainer aus dem Altertum
14) b und c: Ein Lichtfuchs ist ein Pferd mit fuchsfarbenem Fell und heller Mähne. Das ist die Fellfarbe der Haflinger.
15) a und b: Beispielsweise Pferde und Antilopen sind Huftiere.
16) b und c: Nikolai Michailowitsch Przewalski war ein russischer Forschungsreisender, der die letzten Wildpferde entdeckte. Sie sind heute nach ihm benannt.
17) a: Der Pferdehuf wächst monatlich ungefähr einen Zentimeter.
18) b: Ein weißes Pferd heißt Schimmel.
19) b und c: Ein intelligentes Pferd kann sich gut orientieren und findet sich prima in der Menschenwelt zurecht.
20) a: Pferde verständigen sich mit ihrer Körpersprache.

Entdecke die Reihe mit der Eule!

Entdecke die Eulen · Entdecke die Greifvögel · Entdecke die Rabenvögel · Entdecke die Spechte · Entdecke die Finken · Entdecke die Eisvögel

  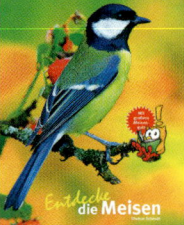   

Entdecke die Zugvögel · Entdecke die Singvögel · Entdecke die Meisen · Entdecke die Kraniche · Entdecke die Störche · Entdecke die Möwen

 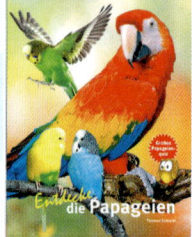    

Entdecke die Pinguine · Entdecke die Papageien · Entdecke die Kolibris · Entdecke die Fledermäuse · Entdecke die Hunde · Entdecke die Kühe

Entdecke die Pferde · Entdecke die Esel · Entdecke die Nagetiere · Entdecke die Igel · Entdecke die Waschbären · Entdecke die Biber

Entdecke die Wölfe · Entdecke die Tiger · Entdecke die Menschenaffen · Entdecke die Elefanten · Entdecke die Nashörner

Natur und Tier - Verlag GmbH
An der Kleimannbrücke 39/41 · 48157 Münster
Telefon: 0251 - 13339-0 · Fax: 0251 - 13339-33
E-Mail: verlag@ms-verlag.de · www.ms-verlag.de